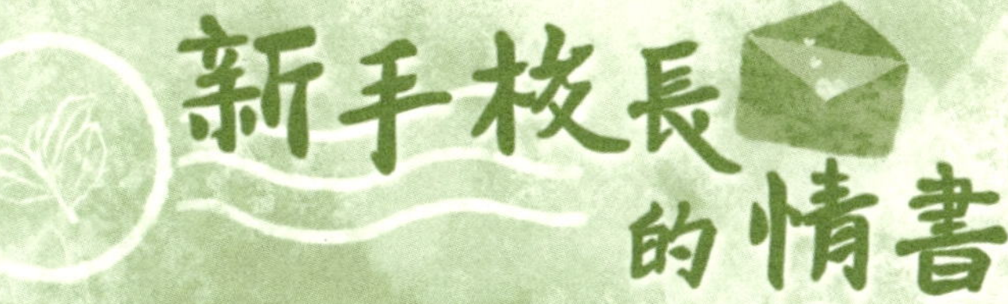

陸詠恩 著

新手校長的情書
作者／陸詠恩
策劃編輯／伍詠慈
美術設計／胡凱悅
插圖／劉碧雲
出版發行／突破出版社
香港沙田亞公角山路33號突破青年村
電話：2632 0000　傳真：2632 0388
電郵：breakthrough@breakthrough.org.hk
網址：http://www.breakthrough.org.hk
http://www.btproduct.com
承印／新世紀印刷實業有限公司
2022年10月初版1刷

A Principal's Love Letters to Her Students
by Luk Wing Yan
First Printing, First Edition, October 2022

Printed in Hong Kong
ISBN 978-988-8562-64-0

誠邀閣下就突破出版社的書籍發表意見
歡迎加入突破書籍 Facebook page — http://www.facebook.com/btbooks.page
本書採用環保油墨印刷

心　靈　地　圖

關懷、連繫、復和、

溝通、對話……

凝視心之脈動，

直到重新尋獲自己的心。

目錄

獻給此生有幸遇上的每位學生

前言

二零二一年九月，「空降」美麗的葵涌祖堯邨，成為邨中一所中學的校長。那是本人二十多年教學生涯中，服務的第三所中學。

經歷過去兩年的社會、疫情大變幻；猶幸疼愛學生的心，自覺從未有變。

就在某天，落實回應內心的聲音，嘗試用文字跟那些年輕躍動的生命，分享自己今昔教學點滴，好讓他們知道有個不太年輕的人，正陪着他們每天學習、每天成長。

陸詠恩

2022 年春

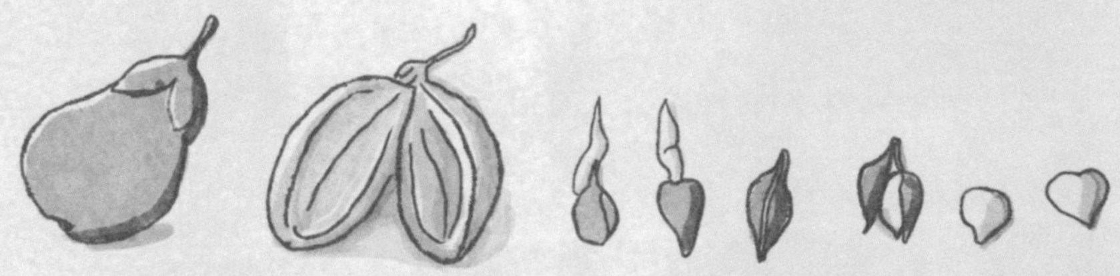

面對恐懼，你可以的！

作為「空降」的新任校長，需要克服很多恐懼，包括公開演説和面對相機、攝錄機鏡頭。9月1日開學禮上，第一次面對陌生的全體師生，要拿下好印象，就要説出重點，既要為疫情下準備公開考試的高中同學打氣，也要為初中同學帶來目標和盼望。接着的日子，為了加強與同學的聯繫，我也透過校園電視台每天早上的直播時間，變身新聞記者，拿着咪望着鏡頭説話，進行多次「開心 Share」，跟同學分享獲獎消息、校園喜事。到了11月的升中講座，更要在百多位陌生家長、小六學生面前詮釋辦學理念，強調學校優點；關乎學校形象及收生問題，演講更是不容有失。

疫情期間，同學都是戴着口罩當司儀、當校園記者、拍獲獎照，我也要求同學「隔着口罩也要笑」。

不説不知，口罩也着實幫忙我這個新任校長，掩蓋了演講中的點點不自然呢。要真正克服恐懼，當然不能靠口罩，跟大家分享一個有效方法——偽裝。

告訴自己我可以

我沒有當過副校長便直接當校長了，還要是「空降」的，昨天還是個英文老師，今天別人都稱呼你為「校長」。不管自己準備好了與否，都要立即擔起這個角色，也要告訴自己能擔好這個角色，其實也使用了「偽裝」這個方法。以往跟中六學生上英文課時，都喜歡在開學那幾課先跟他們熱熱身，做一些 High Power Poses，喊一句 'Fake it till you make it'，以有趣又實用的方式提升他們的備試信心。每次同學在做着那些挺胸、抬頭、叉腰的高權力姿勢時，都會忍俊

不禁；至於要理解何謂「假裝自己可以、直到成功為止」，就要一些時間了。

親愛的年輕人，世上有很多事情，無論你花多少時間，總還未能準備圓滿；像我一樣，去年完成的校長認證課程只是基本，上任了，還要繼續修讀新任校長課程。相信課程完成後，也未必算得上是全然裝備好，始終要面對的未知因素多的是，例如已經肆虐兩年、不斷變化的疫情，就不是我們能預計到的。

成長過程也一樣，我們總會遇上各式各樣、大大小小的恐懼；這個時候，姑且偽裝一下，告訴自己「我可以的！」再一鼓作氣的堅持下去。努力過後，回過頭來，你會發現當你願意相信自己的同時，一切也真的變得更有可能呢！

假裝自己可以，並不是自欺欺人，
而是透過先宣示自己能做到，
繼而做出相應的行動，直至真的做到為止。
簡單來說，就是一個自我激勵的過程。

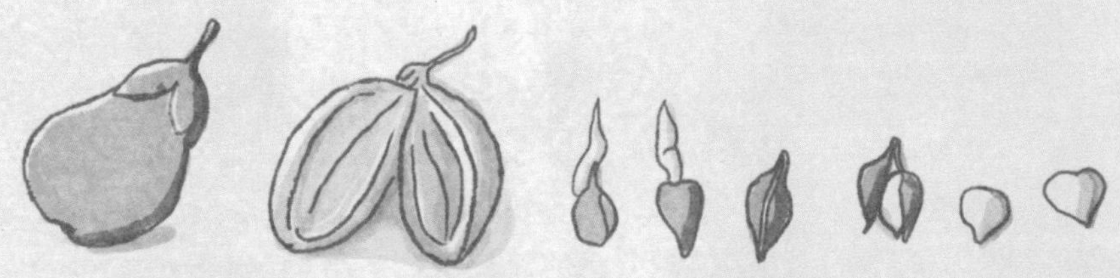

祝君安好

一位永遠身體健康、精神爽利、話音嘹亮的校長，是我心目中一個模範領導的精神面貌。加入了荃葵青校長會後，看到很多區內「老大哥」正正如此，説話鏗鏘、思考敏捷、精神抖擻。工作二十多年，也鮮有請假，每學年也以拿下年終「鐵人獎」這個虛銜為榮，跟很多香港人一樣，總是「喜歡返工」。只是身體真的健康嗎？當然不是。年紀大了，有苦自己知，故此自己開始變得囉嗦長氣，經常提醒身邊人注意健康，尤其是精神健康。

焦慮症及抑鬱症是香港最普遍的精神健康疾患，自己身邊也有好友患上。身為朋友，當然經歷過最初的「無能為力」階段。有時安慰的説話，只會刺激患者，毫無幫助；也感受到父母、照顧者的角色十分艱辛，真的要放下一切，對患者無限包容、體諒，並多陪伴、多聆聽。

焦急的旁觀者

老師接觸此類學生時，也可能感到空着急而什麼也幫不上忙。記得某年監考的時候，察覺一位中二女生神色有異，當其他同學正埋首作答時，她的目光卻空洞地凝望空氣。當我行近她身旁時，瞥見試卷上寫下「老師再見」四字，再望一下她的手腕，竟發現一道鮮紅飽滿的血痕！我真的很慚愧，考試期間，一切是那麼的安靜，我竟完全不知道那是何時劃出的血痕！怪不得大熱天，那位女生仍要披上長袖外套，不是第一次㓟手了吧？我從來都是一個見血就暈的人，當刻心跳加速，卻裝作冷靜，走到課室門口，召來當值的工友，再請工友把我寫下的一張字條立刻交給副

校長。未幾，副校長過來把學生帶走了，其他同學也沒有察覺異樣，繼續專心考試。過後，我試圖向輔導主任及其班主任探聽女生的消息，可是得不到任何資訊。事實上，我明白基於私隱，像我那樣的一個監考老師，所能做的只是發現及轉交個案給輔導主任及社工等跟進。有時巡經那個女生的課室時，不禁望望她安好與否，只是她回校日子不多，也不知道她正在經歷着怎樣的一個故事。

又記得某年，我和一位男老師同當中三級班主任，開學期間發現一位男生總是有點神經兮兮，不大願意跟老師説話，不時做着洗手的動作。翻閱紀錄，也問過他的中二班主任，並沒有任何有關他的異常報告。某天，當我發現他的手部皮膚有潰損跡象；致電他家查詢時，方才發現學生患有焦慮症，尤其當某位男老師喊他的名字時，更會令他緊張得全身發抖，要衝去洗手間不斷洗手。當我嘗試多問一點家中狀況，以及其發病時間時，她的媽媽便開始吞吞吐吐，似有隱瞞，只是重複説着老師都在針對她的兒子，也要求我不要再致電聯絡她。當時，我唯有把個案轉介給社工，再跟從社工指導去幫助這位學生。事實上，就算身為班主任，能幫助他的就只是扮作不知情，默默陪着他，跟其他老師共識，不在課堂喊他的名字，不追收他的功課。

保持身心健康

身處教育最前線，深明教育心理學家、社工、輔導員、以至每位老師，在支援學生精神健康方面的重要性。開學之初，已反復強調一所好學校不應只着重

學生學習支援，情感支援也要充分到位；並一再提醒老師，尤其是年資較淺的新老師要如何辨識、介入及跟進情緒上需要特別支援的同學。

不少精神病的致病原因都涉及遺傳因素，並不代表我們可以漠視環境的影響、後天的努力。近年，「正向教育」已經是不少學校的發展方向，也有證據顯示正向心理學可以促進精神健康。正向思維是可以培養的，我們不能控制所有發生在我們身上的事，但仍可以選擇觀看每件事物的角度。我校就把大量資源投放在預防性輔導工作上，加上學校既有的濃厚關愛文化、「嚴而有愛」的訓導工作、發展出色的體育項目，全方位地促進學生的身心健康。

親愛的年輕人，當某天你自覺已經不是一般的情緒低落，而是連續十多天失眠、精神難以集中、沒有動力、食欲不振，甚至出現自殘念頭時，是你的身體在向你求助了。那跟懦弱、沒有男子氣概等是絕對無關的。請即向你信任的人傾訴，再尋求專業人士的幫助。

要知道，每七位香港人就會有一位在一生中經歷常見心理疾病，精神病只是千百萬種疾病的其中一種，患者需要找醫生，需要接受治療，也都可以康復的。

至於自覺精神健康的你，也要知道，很多預防情緒病的方法都容易明白，亦容易被忽略。請容許我的囉嗦長氣，再一次提醒你注意健康飲食、充足睡眠、經常運動、保持社交、培養嗜好、學習新事物及永不

接觸毒品。

衷心祝願你們平安、健康。

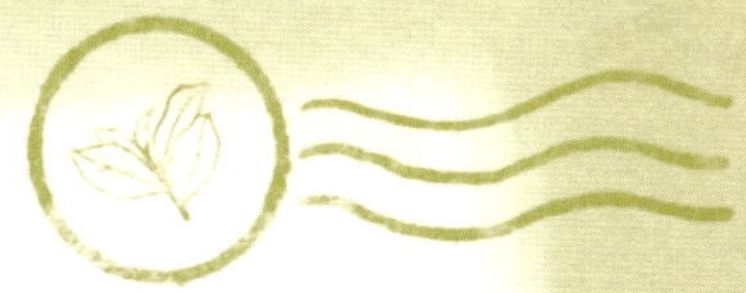

我們不能控制所有發生在我們身上的事，
但仍可以選擇觀看每件事物的角度。

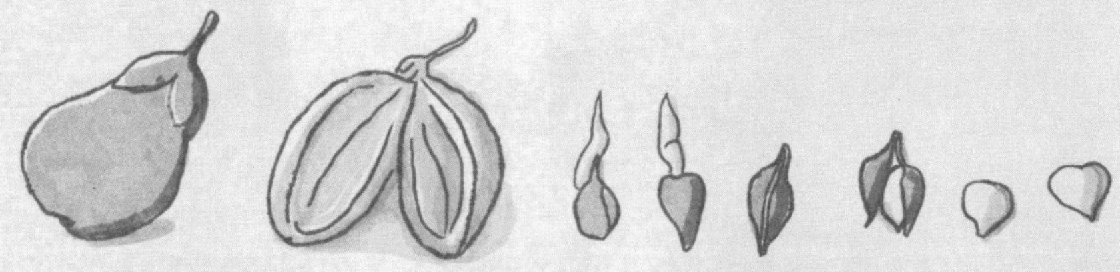

跟自己做朋友

「打波先嚟落雨，唔通連個天都唔鍾意我？」可曾聽過這句經典宣傳語句？這句説話之所以經典，因為説話是那麼的不合邏輯，卻又正中我們的心事。

每個人都總有怨天尤人的時候，學生時代的我也不例外，「連環不幸事件」簡直是家常便飯——悉心打扮卻沒能遇上曾在公園出現的「星期日男孩」；有機會上台表演，臉上卻長了粒大瘡；快要追上小巴了，後腿卻被一隻狗咬着；上巴士了，才發現衣架掛在校服裙上等等。

很多青少年都不喜歡自己，覺得自己是問題源頭。學生不快樂的原因，主要來自學業、長相、朋友、家庭這幾方面的壓力。成績不理想，會怪責自己

資質愚鈍；交不到朋友，會認為是自己長得不夠漂亮；父母爭執，也會為自己是他們的負擔而內疚。

別以為生活條件較差的基層學生才會不快樂，就算是一些優秀學生，也可以很不快樂的。我就接觸過不少感覺自己一無是處，自稱「廢人」的學生。他們覺得自己既不是「成績最好的一個」，也不是「運動攞獎最多的一位」，根本不配被人關注。他們以為要得到人，甚至「個天」喜歡自己，必須擁有成績、獎牌這些東西。他們沒想到，生命本身就有價值，否則醫生也不會盡全力拯救每條生命，哪怕推進醫院內那個是已經失去肢體、只餘一口氣的傷者；又或是血流披面、失去知覺的人。

成為自己的夥伴

親愛的年輕人，請相信我，上天已經給你擁有珍貴無比的生命，又怎會不喜歡你？最重要的，是自己喜歡自己。願意喜歡自己了，你才有機會學習欣賞發生在自己身上的事。

想當年，在公園是遇不到暗戀的「星期日男孩」了，卻讓我認識了兩個「跳大繩女孩」，成為我打後幾年的玩伴；表演前在臉上長了粒大瘡，大得連老師也看不過眼，替我塗上遮瑕膏，讓我從此認識「遮瑕膏」這個好東西，繼而讓我在往後的日子裏拯救無數人士，贏得不少友誼；後腿被狗咬着，慶幸我沒有絲毫損傷，卻嚇得士多老闆立即請我喝飲料，並讓他的小狗阿旺跟我做朋友；至於掛在校服裙上的衣架，就

是掛在校服裙上的衣架了，長大了在閒聊中提及，總會惹得朋友捧腹大笑。

在成長的旅程中，自己永遠是自己最好的夥伴。請學習好好喜歡自己，跟自己做個朋友。成長的速度比我們想像中快，你會發現，今天跟夥伴發生的「連環不幸事件」，轉眼已是昨天的經驗、笑料，甚至是一生中美好的回憶呢。

在成長的旅程中，自己永遠是自己最好的夥伴。
請學習好好喜歡自己，跟自己做個朋友。

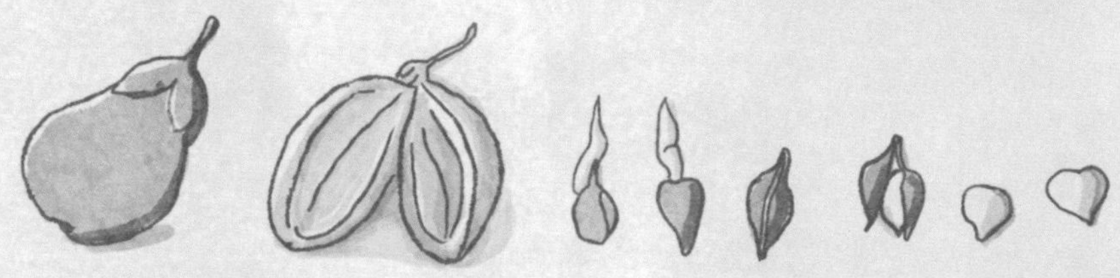

做人的形象

教學生涯中，曾遇過一個「極品」女學生，專針對女老師，除了言語欺凌老師外，也會忽然跟老師肢體接觸，例如從後拉一下老師的頭髮，又或是裝模作樣地撞向老師，再煞有介事地說對不起，以致全校老師都認識她，所有女老師也都怕了她。

全靠輔導主任及班主任的愛與堅持，讓女學生慢慢成長起來，變回一個成熟守規的人。原來，輔導主任要求她為自己建立一個形象，起初女學生還堅持自己不是明星，不用什麼形象，最終被說服每人都要有一個應有的基本形象，就是學習尊重自己，不作羞辱自己的行為、不說引人恥笑的說話。例如，老師會提醒她梳理頭髮、修剪指甲，也會教導她管理情緒，以適當方式表達感受。女生本來就是一個長相甜美的女孩，高中畢業時已脫胎換骨、長得亭亭玉立。多年以後，有次在街上偶遇，跟她聊上一會，她竟主動憶起初中往事，更直言自己「有病」，幸被老師「拯救」了。當下我沒説什麼，只在心裏慶幸這位女生接受了老師對她的「愛」。事實上，很多行為偏激的青少年，兒時或許都缺乏一份愛、或是一個好榜樣。老師並沒有真正的拯救她，只是當大部分人都害怕、躲避她時，老師仍選擇留在她身邊，給了她很多很多的愛，協助她重整形象。

我們也要搞形象

明星自有經理人為他們建立形象，至於成長中的年輕人，往往靠自己摸索一個合適自己的形象。説穿了，就是大家都會更注重自己的身高、體重、外貌、別人對自己的評價，並要在身心快速轉變的過程中更

了解、肯定及裝備自己。

至於我，會因應校長這個新身分，去設計一個嶄新形象面對一班新同事、新同學嗎？

這個我可以肯定地回答，當你成長以後，充分掌握自己優缺點時，最適合你的形象，一定是呈現真實的自己。因為只有這樣，你的言行才會更一致，才更具說服力。

至於學校的關愛正向形象，就真的靠同學努力承傳了。事實上，接觸的同學大多儀容整潔，但於開放日及拍照日前，我仍會再三提醒他們注意小節。老師會提醒同學整理頭髮、擦鞋、熨衣服，也會準備全身鏡、熨斗、鞋油等給同學使用。擔任服務生的女同學，更需要打上同色同款的蝴蝶結髮飾，以突顯她們的責任與力量呢。

我的學生大多來自基層，未必有充足、可替換的校服，也少有出席高級宴會，當然未必明白各種 dress code；但我希望他們都重視自己、打理自己，也就是自我管理、自我愛護的一種表現。

「貪靚」並不膚淺，是基本需要；沉迷名牌、過度消費才是問題。注重儀容的人，一定不會是意志消沉的人——不是當失戀了、病了，我們才想蓬頭垢面、自我放逐一番嗎？

我特別記得關於一個八十多歲退休伯伯的報導——伯伯本可閒置在家，但他堅持每天穿上西裝、

結上領呔，整整齊齊外出一次；他的意志、朝氣、對自己的重視、對生命的熱誠，實在教人欣賞。

親愛的年輕人，注重儀容只是第一步，你的行為、態度、說話、思想，才是你個人形象的重要組成部分。試留意社會上一些傑出人士的言行舉止，又或者從身邊一些形象正面、受人歡迎的同學、師長身上「偷師」。觀察過後，配合自身的優點強項，再慢慢建構出一個合適自己的形象吧。

最適合你的形象，一定是呈現真實的自己。

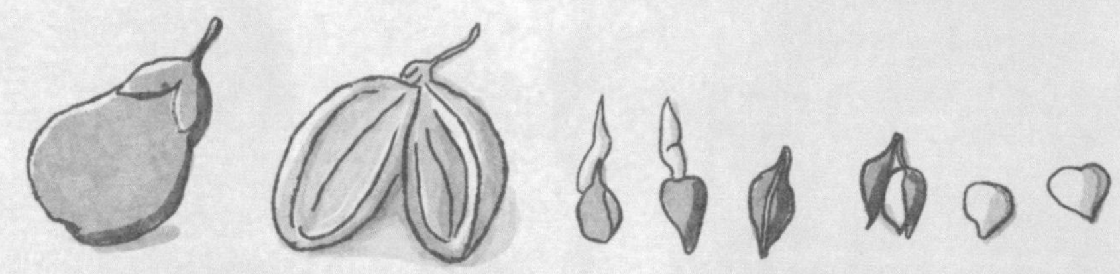

草木與園丁

環境塑造心態，心態影響學習；身為校長，學校的一草一木也要看在眼裏。

「土沉香」是香港原生植物、屬易危品種，有説香港的「香」字，便跟土沉香有關。因着其獨特性，「土沉香」是我在學校眾多植物品種中，最先認識的一種。

為了保育這個珍貴物種，同學們採訪了學校園丁平哥，希望從傳統種植經驗中尋找並歸納出一些科學原理，再研究出創新的培植方法，讓未來的種植變得更容易，以解決此珍貴物種的瀕危問題。在老師的熱心帶領下，同學也能運用 STEM 學科所學習的知識和技能，在學校園圃設置不同的物聯網監察器，運用收集所得的環境數據分析其對土沉香生長的影響。香港中文大學胡秀英植物標本館館長及教育主任，對於我們能成功培植出七十多盆土沉香欣賞不已。我們將合作進行一個植物學 STEAM 計劃，包括共建虛擬植物徑，分發土沉香種子及幼苗予社區作進一步科研之用。

每次看到這些土沉香，也感受到傳統智慧與現代科學的衝擊，動手研究與課堂理論的結合。對於老師可以藉着校園的一株植物，把看似冰冷的 STEM 教育變得有趣及生活化，讓學生懂得通過創新方法去解決問題，實在是學生之福。

你是珍貴的幼苗

土沉香對於我，更有另一層意義。

每次介紹學校時，我都會把那張土沉香果實相片放在投影片首頁，再配上「沒有最好的學校，只有最合適的學校」這句説話。這株植物為我提供了一個完美的比喻——一株瀕危物種，遇上合適土壤、種植法，便可茁壯成長；同樣地，一個孩子，遇上一所合適學校作為土壤、一班結合傳統與創新方法栽培他們的老師園丁，也定必可以健康成長。

親愛的年輕人，科技日新月異，今天我們所學的，轉眼已可能走進歷史，唯有在研習過程中得到的創意、解難、協作等能力，才會終生受用。對於你們，教育理論太多太難懂，但你可知道，在老師心裏，你們都是一株又一株珍貴的幼苗。老師對你的很多要求、指示、訓勉，只是為了讓你的枝葉長得更茂盛，讓你更從容面對未知的世界。

寫這篇文章時，我不禁想起自己小學操場內的一棵大榕樹。同學們總喜歡挨在那棵樹上，喜歡在樹旁猜皇帝，也喜歡說着關於那棵大樹的奇異故事。你也有喜愛的植物嗎？有空不妨多留意身邊草木，因為它們都是陪着你成長的生命呀！

你可知道，在老師心裏，
你們都是一株又一株珍貴的幼苗。

傾聽自己的聲音

一個好的聆聽者，往往能成為一個受歡迎的人；只是在學習聆聽別人説話的同時，也別忘了傾聽自己的聲音。

傾聽自己聲音是自然不過的事情。打從起牀一刻，我們便開始不停自問自答——多睡五分鐘嗎？吃早餐吧？吃什麼？今天要乘坐地鐵還是巴士了？

有些時候，是聽到自己心聲了，只是基於現實考慮，糾結一番後，行動跟心意未能一致。就像小時候的我，有幸上畫班學畫畫，學校也有美術科，便以為自己可以一直畫下去；直至中三選科時，知道成績較好的學生只會被編入沒有美術科的班別，簡直晴天霹靂。

從沒想過，成績好竟變成自己的一個「懲罰」。學校的編班方法，也實在狗屁。一直耿耿於懷至大學，發現可以報讀副修科目，便立刻衝去見藝術系系主任，再回答那個令我生氣的問題——「你中學沒有修讀此科，怎樣説服我你真的喜歡藝術？」

香港教育經歷那麼多年的改革，高中選科已經變得更有彈性，不再是文理之分，卻依然是影響幾乎所有學生的重大課題。現在的學生比我幸福多了，既增加了接收資訊的途徑，也有老師協助規劃。當然，那並不代表沒有同學「揀錯科」，又或是高估自己駕馭某科的能力。

作重大決定前，既要跟從自己的喜好直覺，也要環顧客觀因素，適度妥協，做出最切合當時情況的決

定。就像我，中三那年妥協了，到了大學再一次追求自己所想；三年副修藝術的經歷，是我在大學過得最愜意的日子，修讀過後也就再無後悔。那你會問，要是中三那年，我堅持入讀有美術科那班可以嗎？轉校可以嗎？當然可以，只是我便要放棄當時同樣喜愛的中國文學、英國文學和經濟科，甚至要放棄喜愛的學校，最後也未必能夠當上老師了。

心內的雜音和清音

妥協，其實也是自己的聲音。

親愛的年輕人，自己的聲音不一定是清澈無誤的。先靜下來，嘗試在心內眾多雜音之中，了解自己想要什麼、想改變什麼、當中哪些是慾望、哪些是夢想、哪些地方需要妥協、哪些地方應該執著。最後，請你相信自己的聲音，因為沒有人能比你更了解自己，幫助你到達自己真正對生命充滿熱情的地方。我沒有當過副校長便直接應徵校長一職，別人聽來或許驚訝，自己明白，那只是順應心聲行事吧。

相信自己的聲音，也並不代表你一定能夠做出正確無誤的決定，只因我們的人生，從來都是一趟錯誤、正確交織的成長之旅。就讓我們一起在這個成長之旅，繼續嘗試、繼續努力吧！

我們的人生，從來都是一趟錯誤、
正確交織的成長之旅。

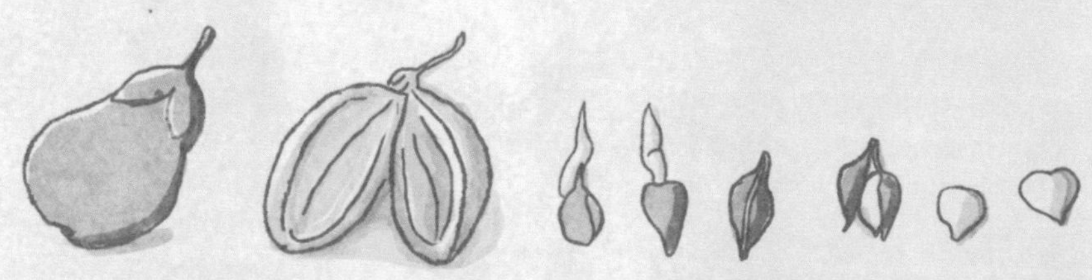

演好自己

成長真的很困難。

我們一出生，就要擔當女兒或兒子，兄弟或姊妹的角色。最多懵懂三兩年，便要穿上校服、堅守校規，演起學生的角色來。本想做個好學生，給老師留個好印象，但有時就是好不起來，不過也壞不下去，唯有承認角色的平淡乏味。只是，身邊又會不時泛起衝擊，總有人説着什麼「你大個仔啦，要怎麼怎麼」的。我大個仔了？十多歲已是大個仔？為什麼阿爸六十幾歲比我還幼稚？比他高大就是大個仔嗎？不是十八歲領過成人身份證，可結婚了才是大個仔嗎？什麼？十六歲已是合法結婚年齡？

我原來已經可以結婚了？

成長真的很困難，幸好日子比你想像中要過得快。我們每每在猶豫、思考着自己的角色時，又已經長大了點。

老師心中，我是一個十分討喜的學生。幼稚園已品學兼優、名列前茅。小學被選為班長，中學更獲提名為傑出學生，手執一大堆學術、活動比賽獎項。至於同學眼中，我應該是個頂着討厭冬菇頭，總自以為是地搶答着老師問題的人吧。隨着成長，我開始觀察、模仿，再慢慢演變成一個懂得鑒貌辨色、受人歡迎的人。只是在朋友愈來愈多的同時，卻感覺自己只是在演出着一個受歡迎的角色。有段時期，更一味的追求名牌，要花上一段時間，才發現合適自己的產品，比產品牌子更來得重要。成長了，也終於明白如何能投入地、稱心地演好自己生命裏的每個角色。

多角色的演出

每次看着同學參與戲劇、音樂劇演出，扮演跟自己性格截然不同的角色時，都很替他們高興。有機會接觸不同的人性面向，思想才會變得更寬闊。自己也是當校長了，才認真思考那是怎樣的一個角色，要怎樣演出才既符合大眾期望，但也要保留自己的風格和原則。

每人的一生也要擔當很多角色，偶有混淆也不為過，學習便是了。事實上，事情總有兩面，一個角色的優點很可能也是其缺點，反之亦然。學習二元平衡而非對立，演好自己生命角色之餘又忠於自己，便是人生的樂趣。

親愛的年輕人，與其說成長真的很困難，
不如說成・長・真・的・太・有・意・思・了！

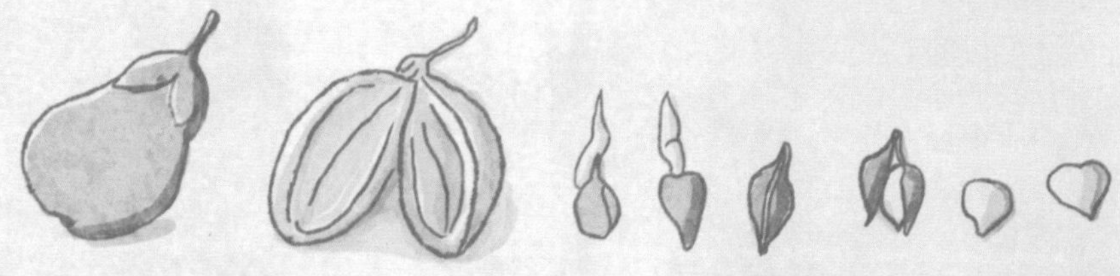

尋找快樂

第三個疫情下的農曆新年是虎年，收到不少「虎（苦）中作樂」、「虎（苦）盡甘來」、「辛虎（苦）大家了」這些賀年語句。抗疫日子當然苦，一生也是苦的例子都有很多，尤其看到新聞片段死於戰火、饑餓、疾病的小朋友，也不禁詰問生命的意義。

不談生命意義，談成長哀愁吧。

成長階段，總有十萬個煩惱。朋友的一句狠話、一個眼神，已經可以叫自己情緒低落。同樣地，對方一個 WhatsApp 笑笑表情符號、一個 IG 讚好，也叫自己樂上半天。成長就是，自己也不明白自己，怎麼老在傷春悲秋、為賦新詞強説愁。直至有一天，你決心不再讓身邊人影響自己的情緒，決心遠離那些不斷發放負能量的人時——恭喜你，你已在成長路上邁出關鍵的一大步！因為真正的成長，首要是奪回情緒主導權，快樂充實地度過每一天。

吃件蛋糕、飲罐可樂可以滿足我們的生理需要。而真正的快樂，可能來自完成一個具挑戰性的任務，又或是參與了一個蠻有意義的學習活動。追求快樂的路途上，我們都會患得患失、跌跌碰碰，只因我們未充分掌握快樂的竅門——認識自己。

認識自己是一種能力

要真正認識自己，談何容易。成長中的我，對自己的認識往往來自身邊人。嫲嫲經常說我「搞搞震」，我便相信自己是個「搞搞震」、充滿鬼主意、指示弟妹「作惡」的人。老師在成績表上形容我為一

個「勤奮好學、熱心服務」的學生，我便相信自己是一個「勤奮好學、熱心服務」的學生了。直至身邊同學一窩蜂研究起生肖、星座上來，我便相信自己是生肖、星座書內描繪的那種人。中五、大學分別要在畢業同學錄描繪自己時，我才認真思考該如何形容自己，以及是否了解自己。以為認識自己了，就在工作、遊歷數年，接觸面更寬廣以後，才算真正了解自己性格及熱情所在、才算真正明白自己的人生及價值觀、也才算真正的認識自己。

認識自己絕對是一種能力，對個人成長及發展有莫大幫助，可惜在我成長的年代，還未出現美國正向心理學之父 Martin Seligman 綜合出來的二十四個品格強項，否則我便可以一早測量一下自己擁有的美德，同時欣賞一下別人的美德了。我的其中一個品格強項是「幽默感」，另一品格強項是「對美麗和卓越的欣賞」，所以當別人覺得「大難臨頭」時，我總是看到值得歡笑和努力的地方，也就什麼都不當一回事，什麼都可以擔當了。與此同時，我會提醒自己別過分幽默，開無謂的玩笑，免給人輕浮膚淺的印象。而當我看到朋友身上的「創造力」、「喜愛學習」、「謹慎」等這些在智慧、節約方面的美德，總是敬佩非常。

親愛的年輕人，讓我告訴你一個秘密吧，其實很多成年人也不怎麼認識自己的！有些人選擇以消費滿足一刻的慾望，再陷入買了又後悔的無限循環；有些選擇把快樂建築在別人的悲喜上，無視自己對生命的渴求；也有些根本逃避成長、不懂抉擇、也不願承擔責任。現在，當你知道可以透過檢視自己的品格強項

去認識自己時，請好好掌握並發揮自己獨有的美德，

活出一個更好的自己，活出一個更快樂的人生。

真正的成長，首要是奪回情緒主導權，
快樂充實地度過每一天。

朋友要多少？

朋輩關係，往往令人困擾。那種困擾，可以從學生時代一直延伸至人生的不同階段。直接地說，朋友真的不需那麼多，有質量的，三五，甚至二三知己已足夠有餘。至於人際關係網絡，則不妨盡情拓展，那會對你工作有幫助的。

十分鼓勵同學在學期間，結識朋友。中學友好，較大機會成為一生摯友。彼此因緣相聚，一起度過嘻嘻哈哈、沒甚機心的成長歲月，彼此都見過對方最認真、最幼稚的一面。事實上，學校一直為大家製造不少交友機會，例如各種學習活動、課外活動、訓練計劃、義工服務，讓同學在不同環境下，廣結友好。

我的一位女性好友曾跟我說，她的一個重要擇偶條件，是要看對方有否參與團體運動，因當中的訓練，有助男生成為一個懂得跟人溝通、合作的人。最後，她果真嫁了給一位熱愛打籃球的男士，過着幸福美滿的生活。

先學會交朋友

男生跟女生語言系統發展大不同、交友方式也很不同。女生較易跟人打開話匣子，幾個女生聚在一起談話已經可以很快混熟；男生普遍說話不多，卻容易在運動場上跟隊友建立默契及友誼。疫情期間，學生活動量大減，我們索性在禮堂長期擺放兩台乒乓波枱，方便同學隨時舒展身心、建立友誼。

學生之中，當然也有喜歡沉醉於個人世界、自得其樂之人。老師多以鼓勵或邀請方式，希望他們多參與羣體活動。至於不是自己選擇孤獨，而是被人排斥的同學，老師則會幫助他們檢視原因，一起研究改善

的方法。被排斥的學生，絕對不是一般人認為的插班生、新移民、非華語生、殘障人士或是有特殊學習需要的同學，而是同學眼中的「大話精」、「擦鞋仔」，以及「不修邊幅」、「有借冇還」的同學。

親愛的年輕人，在鼓勵你們結識朋友之餘，也同樣建議你們適當 unfriend 朋友。當你發現對方做些利用你、傷害你的事情時，爽快 unfriend 對方吧。'A friend in need is a friend indeed.' 朋友真的不需那麼多，當你需要朋友幫忙時，能仗義幫助你的，才是真正的朋友。從朋友名單上剔除損友，絕對不是一件可惜的事，因為一段真正的關係，從來都需要時間、心力去經營。人愈大，愈發覺可用的時間太少，要照顧好自己及家人已不容易了，剩餘的時間就絕對要「自私」點，花在值得花的事情上啊！

朋友真的不需那麼多，有質量的，
即使三五，甚至二三知己已足夠有餘。

當全世界都離棄你時

「被全世界離棄」是我們在成長過程中，不時浮現的感覺。不獨是年輕人，成人也會有那種感覺；説清楚點，那是寂寞的、不為人所認同的、比孤獨更孤獨的感覺。

由昨天的英文老師，驟變為今天的校長，首要懂得面對孤獨。當老師不只是一份工作，而是一個祝福，尤其當學生信任你、依靠你，甚至長大後仍記掛着你。當校長，卻只能坐在校長室裏「籌劃大事」，也不會像以往般跟同事「行街食飯」，有時更要做一些可能「被全世界離棄」的決定。

這個時候，我總會提醒自己仰望上天，只要看到天空，便能瓦解自己的內心劇場，提醒自己真正的「全世界」有多大，自己腦內的「全世界」有多渺

小。有時過度想像，會讓我們感覺窒息，那先停下來，認真地呼吸一口氣，檢查自己的感官是否還在跟真實世界聯繫着。喜歡用眼睛的，可以像我一樣先停下來用眼睛眺望一下自然景象；鼻子靈敏的，可以先嗅嗅、嘗試分辨四周的兩種氣味；當然你也可以選擇豎起耳朵、辨別附近存在着的三種聲音。

你的全世界有多大？

學生的「全世界」，有時只有學校內的三兩友好，又或是手機內的十數歌曲。學校的其中一項重要工作，就是拓闊學生的世界。我接觸的大部分學生，不是那些一年數次跟父母搭乘飛機四處遊歷的同學，所以學校在擴闊學生眼界這方面的工作就更為重要。

今年，我校剛拿下第三次的「樂繫校園獎勵計劃」獎項。單看名稱，不大了解那是什麼獎項，查詢過後，才知道學校過去幾年不斷創造海量的機會，透過有意義的學習活動，全面加強同學間、師友間的聯繫；讓新生、插班生、新移民學生都能夠快速適應校園生活、建立友誼及支援網絡。而一些看似硬性的規定，例如中一必須參與課外活動、中三必須參與領袖面試、中四必須修讀綜合藝術課程等，目的也只是希望豐富及擴闊同學們的世界。

親愛的年輕人，你的「全世界」又是什麼？「被全世界離棄」只是剎那的想法吧，真實的「全世界」絕對比你想像中大，你腦內的「全世界」也絕對比你想像中小。當自覺「全世界」都離棄你時，身邊也沒有一個可傾訴的對象，你到底還有自己啊！為自己飲一杯清水、閱讀一本散文集、呼吸一口新鮮空氣、或是寫一封情書給自己，都是你能夠做到的。畢業了的同學，也不妨回母校走走，你可能想像不到，你的回來，老師、校長比你更興奮呢。

「全世界」並沒有真的離棄你，請先抬抬頭，看看天空是否依然為你撐在那裏。

世界不還是好端端的待在那裏、
等着我們發掘嗎？

慢慢動怒

「慢慢動怒」是我其中一句人生座右銘。

曾經有位十分年輕的同事朋友，看見發生在我身上的不平事，比我還憤怒，無比直接跟我説：「最憎你咁冷靜，簡直係冷血，乜你唔嬲嘅咩？」她不知道，我也是個情感敏鋭的人，冷靜是刻意鍛鍊回來的，目的是調整自己成一個免受情緒操控的人。

憤怒是我們其中一種情緒，是我們對於一些不公平、不合理事件的不滿表達。發怒沒有問題，但千萬要「慢慢的」。

因為，當你控制不了這個憤怒，有可能極速破壞一件物品、一段關係，甚至傷害他人的身體；然後你會發現，問題並沒有解決，甚至變得更加複雜，極不划算。也有很多時候，當你慢下來了，才發現事情根本不是你想像那樣，用不着發怒。

年輕人在成長階段受着身體荷爾蒙的影響，容易衝動暴躁，有些學生更喜歡挑戰老師權威，喜歡看到老師發怒的樣子。還記得其中一個令我印象深刻的中二男生，總是不願意打開課本。某天當我如常提醒他時，他竟説：「你剛才只是叫我把書本拿出來，並沒有叫我打開書本。」

這同學是在説實話，只是望到其他早已打開課本的同學，他的説話也令人激氣。我想不到怎樣反駁，直接邀請全班同學跟他説道理，想不到有位同學立即舉手説：「那體育堂張 sir 叫你換衫，你又換埋條褲出嚟？」全班立即哄堂大笑，那個同學也在笑，並「死

死氣」地打開課本。

憤怒前尋找真相

初當老師時，自己也是個熱血青年，只是在狠罵學生之前，也會先作多方考慮。為人師表一定要「慢慢動怒」，因為你只看到學生當刻的一個表現，卻還未真正了解他行為背後的原因。也有可能，他正在經歷自己人生的一個低點呢。校長也一樣，動輒發怒，是要不得的行為。當你看見一個老師疑似「犯規」，在非特定午膳時間外出買飯，一問之下，發現原來他已經連續上了五個課節，午膳時間要處理學生問題，下午還要網上補課，你捕捉到的「非法」一刻，只是他在僅餘的十數分鐘空檔外出買一個飯盒吧。凡事

「慢慢動怒」，了解多一點，結果可以是完全不一樣的。

親愛的年輕人，世上有很多不公平的事，都令人不解、也叫人發怒。尤其是當涉及你很關心的一個人或一件事，就更容易無名火起。就像我的社工朋友一樣，她是學生心目中的愛心天使，卻坦言當她面對自己兒子時，總是容易發怒、欠缺耐性。

怒火可以摧毀很多東西，滿腔熱誠的「一團火」，卻能推動我們成就更美好的事。發掘真正屬於自己的「一團火」並不容易，就讓我們一起努力吧！

怒火可以摧毀很多東西，
滿腔熱誠的「一團火」
卻能推動我們成就更美好的事。

一句說話

「修讀英文有較寬闊的出路。」想當年中學老師的一句説話，影響了我大學的選科，也影響了我的一生。

「你的文筆不錯，可以試寫劇本。」我的一句説話，也成為了我一位學生口中的「人生轉捩點」。

老師一定要把自己看得很重要，因為老師的一句鼓勵説話，有可能改變一個年輕的生命。

我經常提醒老師，尤其是新入職老師，説話的重要。十多年前剛成為英文科科主任時，我會在觀課時寫下老師每一個讀錯的字、每一句用得不好的語句、每一項可以優化教學的細節，再逐一跟他們討論，期望他們進步。學生利益為重，顧慮不了老師能否接受

我的直接仔細。相比二十年前，現在的學校大多建立了一套良好的觀課文化，開放教室平常不過，現在很多老師的教學也有趣有效，觀課者在做評課時，也較能夠給予直接的回饋。

年輕老師是有福的，因為現在已有不少參考資料，讓老師更有系統地學習如何有效、正向地跟學生進行課堂對話。例如當有同學發問，以往老師很可能說：「如果你剛才有聽老師的指示，就應該懂得怎樣做。」只是這樣的一句說話，已經是不合時宜了，取而代之，老師可以這樣回覆：「如果你不清楚老師的指示，你現在可以怎樣做？」

親子間的溝通，也可以是有策略的。學校不時舉行家長講座，就是希望家長也一同學習如何跟子女說

話。我曾聽過老師、父母直斥學生為「垃圾」、「廢物」；這些負面説話，聽着令人難受，也不會令同學進步，請大家千萬不要再説了。

一起學説話

親愛的年輕人，溝通是雙向的，當你知道師長都正為你們努力學習説話用語時，你也應當學習如何對自己説話。每一次當你要説「我又錯了」的時候，把它説成「我知道應該怎樣進步了」；當你要説「我放棄了」的時候，把它説成「我還可試試其他方法」；當你要説「我做不到」的時候，把它説成「我只是還未做到吧」。

你的一句説話，對關心你的人也是十分重要的；

相信他們最常聽到、又最不喜歡的三句説話，一定是「唔知」、「唔好理我」、「你好煩」——是這樣嗎？

我跟你一樣，每天仍在學習怎樣對人對己説話；就讓我們一起擁抱挑戰，多説正面的、感恩的、真誠的説話吧！

老師一句不以為意的負面說話，
也有可能影響一個學生的人生。

感謝對你有要求的人

「我們不是在畫公仔。」

大學上油畫課時，教授看到我的草稿，又皺眉又搖頭，只拋下一句：「我們不是在畫公仔。」回宿舍後，一直嘗試用教授的眼光，狠盯着自己的草稿，理解他的不滿再改呀改的。最後完成的那一套四幅油畫，獲教授大讚，再沒說我是在「畫公仔」了。

在學及工作時期有幸遇上幾個對自己要求很高的人，當時免不了有厭煩、喘不過氣的感覺，心想：「用不着這樣吧？」回想過來，對自己要求極高的人，也真的只有那幾個；他們都是自己的幸運星，因為都引發了我的潛能，也把我的能力提升了。

要求是一種藝術

曾遇上一個對自己要求很高的上司，一再把我深感滿意的建議及工作「打回頭」，被我暗罵他有「挑剔病」。只是當我後來當上領導角色時，才發現從他身上得到很多寶貴的經驗。沒有他嚴苛的要求，自己視野的闊度、思想的高度、行動的力度不會大大提升，也就不能像現在般從容應付各種挑戰。

對你有要求的人，本身也要付上無比心力的。就像大部分老師，也對學生很有要求——默書不合格要補默、字寫得難看要重寫、作文字數不夠要留堂、抄回來的功課要重做等等。老師在要求學生的同時，花的就是額外的時間、力氣。他們之所以調高對學生的期望，對他們有所要求，就是相信同學都可以進步。

最專業的老師，就是那些懂得拿捏要求的老師——要求定得太高不實際，只會帶給學生無謂的壓力；要求定得太低則沒果效，不能帶給學生動力。要開拓學生視野的闊度、生命的深度，除了對學生學業有所要求外，也一定要他們多參與領袖活動、服務活動及課外活動，以提升他們的領導、溝通、協作、解難等能力呢。

親愛的年輕人，你知道嗎？對你有要求的人，都相信你是個能夠做得比昨天更好的人。你或許會對這些要求作出逃避、反抗，也未必能夠領會對方的用心；只是，當某天你成長為一個負責、肯承擔、積極面對困難的人時，你也許會像我一樣，感謝那些曾經對你有要求的人呢！

對你有要求的人，
都相信你是個能夠做得比昨天更好的人。

跟人比較，別跟人比較

「你點解唔學吓家姐？」

「聽講陳師奶個仔入咗港大喎！」

年輕人最討厭的其中一件事情，一定是父母有意無意把自己跟其他人比較。他們會想：「我阿爸也不是富豪，阿媽也不是美女，我沒將你們跟其他父母比較，為什麼你們總喜歡拿我跟別人比較？」

明白的。父母、三姑六婆有時真的令人生氣。但請你有心理準備，就算你長大了，這些親友們還是會繼續「關心」你，比較你和某某的工作、婚姻、成就，甚至乎你將來的子女。

公平點説，同學們不也常常比較彼此的班主任、

老師、社際賽、選修科目、偶像、飯盒等嗎？跟人比較在所難免，有時比較下來，才更清楚自己欠缺什麼、擁有什麼。就像學校之間，也會比較各自的政策、教學、課程、活動等，以更了解自己在區內的定位和特色。又例如在早會宣佈的學生獎項，不也是在比較下產生的嗎？當同學知道我校今年入選 U15 男子手球代表隊的三位同學，是全港入選三十二位同學中的其中三人，更感興奮及光榮。

為何而比

「向上」的比較，可藉着別人的成就增加自己的目標感。自己最有建設性的一次「向上」比較，發生在中四。那時有一個科目，自己長期考第二名。有一次，我鼓起勇氣向考第一名的同學借閱試卷，一看之

下，果然領略到拿取高分的竅門。最後我有沒有因此而在那個科目考第一了？沒有。我是考得更高分了，但也沒有超越考第一的那位同學。這個經歷，促使我日後經常向做得比自己好的人直接請教，以提升自己的能力。至於「向下」的比較，讓我們明白自己處境也不差，有安撫心靈的作用。尤其面對生活困境時，當你「向下」比較，想到自己尚能三餐溫飽、擁有健全的身體，也許能穩定內心。

很多人喜歡在社交平台炫耀自己的外貌、生活、地位、財富，但那些只是經過濾鏡、篩選所呈現出來的一個片面。很多人都只會讓人看見自己「成功」的一面；但我們真實的世界，仍充斥着戰爭、污染、疾病、欺詐和飢餓種種問題。我就認識不少穿戴亮麗、看似「成功」的人，實質自卑不已、有苦自己知。

親愛的年輕人，當「比較」讓你產生妒忌別人、討厭自己的負面情緒時，請直接「關掉」這個按鈕。既然「比較」對你只有負面意義，便索性別要比較。我們每人都有屬於自己的獨特人生，根本不用跟人比較，也比較不了。以後當有人拿你跟別人比較時，笑笑便算，保持內心平靜安穩，專注走自己獨有的人生道路，並好好享受沿途的明媚風光吧。

我們每人都有屬於自己的獨特人生，
根本不用跟人比較，也比較不了。

請不要期望每個人都喜歡你

討好型人格的人，對人隨和、有求必應、渴望每個人都喜歡自己——每遇到這類學生，我都暗暗替他們擔憂。

我曾經認識那樣的一個朋友，為了爭取身邊每個人的認同和喜愛，哪怕自己心中萬般不情願，也要迎合別人，以別人為中心，忽略自己的感受。她好像沒有什麼脾氣，也不會跟人起衝突，她的主要情緒是「內疚」，總「內疚」於自己未能完全滿足別人的要求。那個朋友一直活得痛苦，尤其當她發現身邊人原來並不十分喜歡她時，更百思不得其解為何自己徒勞無功。

學校的教育，很多時都教導我們要樂於助人、為他人設想、和諧共處；只是在遵行這些良好美德到極致時，會否演化成有求必應、害怕衝突、不斷迎合別人？羣體生活的重要，是孩子在跟人溝通互動的過程中，有機會體驗那些千絲萬縷的關係，也有機會學習如何在那些關係中自處。在參與團體活動、領袖活動、服務活動的時候，他們也有機會擔當不同角色，從而實在地建立各種正確觀念。

先好好愛自己

我們每人都是獨一無二的，背景不同、想法不同、處事風格不同，又怎可能在相處中不起任何衝突？適當表達真實的自己，有被討厭的勇氣，那並不自私，反而因每人都誠實展示了自己的想法，大家才可更有根有據地尋求共識。

討人喜歡，並不等同討好別人。面對新相識，微笑是最簡單直接贏取良好印象的方法。要進一步建立友誼，就需要雙方坦誠相處，當中少不了真誠的讚美，以及建設性的批評。年紀漸長，你會發現很多健康的、親密的關係，都是靠雙方誠實共建，而不是靠討好得來的。

親愛的年輕人，你的善良，要有底線。在網上社交媒體盛行的今天，擴闊了我們被人評價的範圍，亦放大了我們被人點讚的期待。請不要期望每個人都喜歡你，這想法太不切實際，也要知道不是所有人都是善意的；請學習拒絕別人，尤其是無理的要求，因為那是好心做壞事，毫無價值；也請不要自以為可以拯救世界，因為每人都是自己世界裏的超級英雄，都要負起自己當主角的責任。

要討好，就請先討好自己吧。先關注自己的需要、強健自己的體魄、釐清自己的信念、豐富自己的生命。要討人喜愛，自己先要活出一個可愛的模樣啊！

沒有人希望被人討厭，但成長過程中，
你會發現那是無可避免、自然不過的事情。

比悲傷更悲傷

當一般人都視老師為一份薪高糧準、可放大量長假的「筍工」時，我卻看到很多把時間、心力都貢獻到學生身上，陪伴他們度過艱難時刻的守護者。

學年初，各老師都會手執最少一個教學進度表、一個活動進度表，內有全年教學及活動大綱。但老師對學生的關顧工作，卻不會列入任何進度表內。就像新冠病毒爆疫初期，有些老師充當「司機」，與同事把一些二手電腦、抗疫物資及學習材料「速遞」往有需要的學生家中，好讓他們能繼續上網課及參與網上校園生活，都是自發的工作。

常說當老師是一份受祝福的工作，因為學生信任你、依靠你，甚至長大後仍記掛着你。在祝福背後，這些年來也接觸過不少「比悲傷更悲傷」的故事，像

是父母遽然身故，頓失依靠的學生；又或是眼看年紀輕輕，便要與頑疾對抗的生命鬥士。更有些令人恨得咬牙切齒，只有校長及極少數負責老師才知悉的家庭暴力事件，往往引發無限悲痛，直達心肺。師長能夠做的，就是及早識別不幸事件，再按程序辦事。

很多老師在獲悉學生的悲傷事件卻幫不上忙，又或是不適合幫忙的時候，心底也是難過無比的。

有些悲傷，確是說不出口、流不出淚。

別把悲傷帶給無辜的人

生離死別，我們都總要經歷。年紀愈大，出席喪禮的機會也愈多。寫這篇文章的時候，也是家中愛貓

快要離別的時候。電腦斷層掃描結果是，除了鼻後有腫瘤，癌細胞也已擴散到腦部。由開始病發直至離世也有數個月，心理準備充足，貓兒着實老了，也沒有什麼遺憾了；只是十年的感情及陪伴，還是教人傷心不已，教我每天也會哭。

親愛的年輕人，生離死別的無奈無助，都值得我們大哭一場又一場。感覺悲傷，因為控制不了；感覺悲傷，因為曾經有愛。悲傷的表達是很個人的，也沒有時限性。哭過了，我們便繼續好好做人，把悲傷化成思念，也更珍惜當下。生離死別不是我們能夠控制的，但我們都能控制自己的行為。願你們都好好成長，成為善良的、負責任的成年人，別要把悲傷帶給無辜的人。

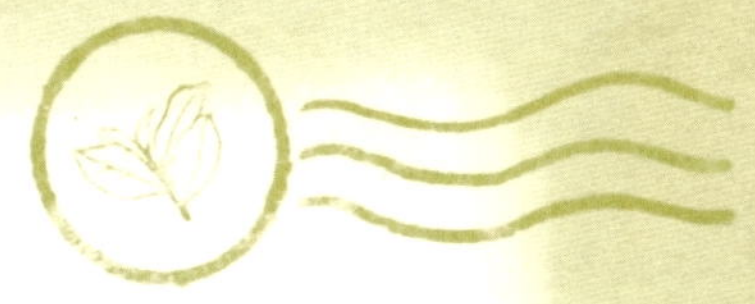

把悲傷化成思念，也更珍惜當下。

開始咗先啦！

從小到大，我都有不少擔當領導位置的機會，身邊人也大多視我為一個做事認真、準備十足的人。事實上，有不少時候，我卻是個沒有太多準備、「開始咗先啦」的人。

我的經驗告訴我，當你太多顧慮時，機會便會瞬間流失。更何況，世上很多事情，無論你花多少時間，總還是未能準備圓滿。要準備好才開始，結果很可能是開始不了。例如女孩最愛説的減肥瘦身，根本就可以立刻開始的，只是很多朋友嚷着拖着，一年過後還是未能落實開始。又例如閱讀，根本就是每個空檔都可以進行的事，只是有些人就是要先呷杯咖啡、選個舒適地方、又或是要有一個「適當心情」。

有説一些喜歡拖延的人是完美主義者，也有説一些人是因為害怕遇到困難與挫折而選擇拖延。

幫助學生解決拖延問題，老師一定要把學習任務分拆，先讓他們快快完成一個個小任務，給予他們建設性回饋，再讓他們開展另一個任務。累積下來，同學便在不經不覺中完成一整份課業。為學生拆分任務、製造成功，絕對是解決拖延問題的有效做法。要建立一個良好習慣，則需要三七二十一日，即三個星期。看似不難，實質也不易，最重要的還是「開始咗先啦」！

校長有時也想拖延

與大家分享兩件當校長後，本想拖延，卻極速完成的事。

第一件是做校長專訪。想拖延的原因是，我認為自己未能完全掌握學校的一切，很多跟大專院校合作的大型計劃，雖已開展，未知成效。猶豫之下，找了很多老師替我「補習」，終讓專訪得以順利完成。好處是除了讓學生、家長了解學校發展外，也讓自己極速解讀學校。

另一件猶豫不決的事，是在跟一個導演朋友通電話時，得知對方願意義助我們拍攝一些校園生活片段，可是他全年就只有掛上電話後那兩星期的空檔！根據經驗，這樣的一個拍攝需時跟老師充分籌劃、協調，再配合學生上下課時間，而不是即說即辦的事。但難得朋友肯幫忙啊！思前想後，硬着頭皮跟校政委員會同事提出。一輪沉默後，副校長說：「如果要在下星期開始拍攝，唯一可能成功是……」接着，老師開始積極商討如何能令事情成功進行，更即時把一些關鍵老師拉進會議，一起討論。

翌日，我透過校園電視台，向所有學生講解我們如何能一起做好這件即興事。意想不到的是，很多同學在面對鏡頭時都落落大方、毫不怯場。影片在十二月剪輯完成，不論師生、校友、家長看到都對同學的表現欣賞不已。

親愛的年輕人，每人每天都只有二十四小時，對於你相信是對的、有些把握的事，又或是師長、親友支持你的事，先開始吧。做事理應有所準備，但不要讓它成為你拖延的藉口啊！

要建立一個良好習慣，需要三七二十一日，
即三個星期，最重要的還是「開始咗先啦」！

看不到的，也許是最真實的

世上很多用錢買不到的，觸不到的東西，卻是最珍貴的東西，例如健康、快樂、親情、善良。同樣地，有很多眼睛看不到的事情，也可能是最真實的事情。

疫情之下，全校同學聚集在禮堂的日子不多，週會也大多改為分級活動。十二月時，有環保公民劇巡迴演出，難得我們是全港六所參與學校的其中一所，老師也就安排大部分同學往禮堂觀看。謝幕時，一位演員摘下太陽眼鏡，介紹自己是失明人士，瞬間震驚全場老師及同學們。這位演員表演期間走位甚多，作為觀眾的我們，完全看不出他是一位失明人士呢。台下負責籌辦演出的政府城市規劃師，解說他們所資助的這個劇團，也有其他弱視人士在幕後工作着。

帶着這個演出給我的衝擊，第二天早會，我跟同學分享道：「那個演員的世界是黑暗的，但我在他身上看見光芒。我很希望同學知道，我們不僅是參與了一個週會，看了一齣環保公民劇；而是在專心投入、積極參與當中，以實際行動説服資助團體，這些弱勢人士籌辦的劇團是值得支持的。」我真的希望同學知道，他們於觀看時的良好表現，並不單純是在展示禮儀，更蘊含着另一層意義。

擦亮另一雙眼睛

事實上，我一直希望透過刻意的提示，讓同學看見一些眼睛看不到的東西。例如在播放最新製作的校園生活短片前，我向同學指示道：「請同學在觀看短片時，找尋一些你看不到的、重要的東西。對，是有

些弔詭，請大家『看』一些『看不到』的東西！」

影片播畢，我跟同學強調，我們看的影片只有 3 分 50 秒，很多努力了好幾小時的老師、同學，出鏡只有 1 秒，甚至完全沒有出鏡。這些不計較的付出，是我一直觀看短片時看不到、卻又真實感受到的東西。我切實「看」到每位盡心建構校園積極、正面文化的老師、同學，都是短片的主角呢！

親愛的年輕人，很多眼睛看不到的事情，都是最真實的事情。今年因為成為新校長，得到一些寫文章推廣學校的機會。跟副校長商量過後，我們明白以學生做主角、具有故事性的題材，固然容易令讀者留下深刻印象；但我們最終決定要盡力保障學生的私隱和利益，避免暴露太多他們的背景和細節，所以都放棄

了那些「好看」的題材。大眾看不到那些具故事性的文章了，我卻看到學校對學生的愛。

學生時代，老師還會較直接地指示你看見一些價值。慢慢地，你會發現五光十色的世界，令你眼花繚亂。這個時候，先閉上眼，尋找一些肉眼看不見的智慧和感受。成長會讓你的觸覺變敏鋭，讓你看見一個更立體、更真實的世界。

我們的成長，就是要不斷練習，
看一些看不見的東西，做一些明智的抉擇。

活着的一天

愛貓 Jamie 離世前數天，特意買了一些平時不會買的小食給牠吃。看到牠因病而扭曲不堪的面容，卻仍把食物吃得津津有味的模樣，既傷心又佩服。這隻小貓，真的能夠做到活在當下，珍惜活着的每分每秒。

落筆之時，正值新冠病毒病第五波疫情，防疫政策再度收緊，為農曆年添上陰霾。學校發出更改校曆的通告，決定取消三月的陸運會。跟老師開會講解時，希望老師向學生説明取消陸運會一事時，要了解他們失望之餘，也喚回他們一些快樂的記憶，如提醒他們老師已盡可能在上學期疫情較輕的時候，努力為同學籌備校外旅行、STEM DAY 等各式各樣的活動。

自己早年曾經歷親友、同事、學生自殺喪生的事件，那種不能磨滅的錐心之痛，一直提醒自己要珍惜活着的每天，也希望感染更多人能活好每一天。身患頑疾的不說，能夠正常生活的人，往往是一念天堂、一念地獄，一個想不通，總以為自己是悲劇主角、最慘的一個。自己當然不是一個不會埋怨的人，記得有天工作至筋疲力竭歸家時，看到那些推着大垃圾桶，仍在工作的清潔工人，也不好意思埋怨了。有天在身心俱疲下叫外賣，嘀咕着又要啃難吃的速食時，開門見到那個背着大袋小袋的年老速遞員，也不好意思埋怨了。人便是那樣，經常忘記自己擁有的，所以訓練正向思維、學習欣賞每件小事、時刻感恩自己擁有的，都是我們要努力的事。

最壞的時光 最好的時光

親愛的年輕人，你有跟長者溝通的經驗嗎？我校的一些同學，不時陪附近祖堯邨的長者一起上課、一起做實驗，進行不少有趣的跨代溝通。看着那些婆婆，讓我想起自己的祖母，小時候總聽她重複道：「有得食就食，有得瞓就瞓，嫲嫲又賺一日了！」祖母的説話很重複，很簡單，也很正確。肚餓的時候有東西吃、疲倦的時候可以睡覺、看得見日出、呼吸到空氣——活着的一天，已經是我們最大的恩賜。

沒有疫情，同學不會那麼渴望參與實體課堂、參與陸運會；沒有疫情，我們不會意識到能自由走動，外出吃個晚飯是如斯樂事。請相信我，最壞的時光往往並不太壞，只要我們都學會更懂珍惜、更懂生活、也更懂盼望。

在家的時候，不時看到 Jamie 的身影。謝謝 Jamie，總是提醒我活在當下，珍惜生命的每分每秒。

消化負面消息時，我們都傾向怨天怨地，
只看到自己沒有的，忘記自己擁有的。
我們真的要經常提醒自己，
活着的一天，已經是一份恩賜。

等待的時光

等待的時光，往往是最難熬的。

青少年時代的我，眼見畢業回校演説的學姐，都勉勵我們尋找機會，磨練自己的領導能力，故一直等待着一個當「領導」的機會。小學中學當班長，是老師委任的，跟同學關係也是對等的，不大感到「領導」的滋味。在家中當「老大」，也只是指示着一弟一妹，做些幼稚的實驗或劇場。入大學後，終有機會當一所男女生宿舍的會長，真正領導宿生會處理宿舍大小事。就在籌備、等待諮詢、投票、點票的數個月裏，總是患得患失，上一刻滿懷希望，認定自己當選無異；下一刻卻焦躁不安，猜想宿生會否肯向候選內閣投下信任一票。

等待的時光，我們都要學習面對左跳右躍的思

想、七上八落的心情。小學生等着升中面試一刻，希望藉着好表現以入讀心儀中學。中一新生等着開學那天，希望可以認識一批新老師新同學。中六學生好不容易考過公開試了，還是要等着放榜的一天。要拍拖了，鼓起勇氣，等待心中「男神」、「女神」回應你那瞬間，已是千年的感覺。

等待中的收穫

以上種種等待，總算有個期限，有些等待，卻是了無止境。例如等着有特殊學習需要的同學進步，等待患情緒病的同學康復，家人及同學本身或會有沒完沒了的感覺。事實上，育人就是一個無止境陪伴及等待的工作，否則不會有「十年樹木，百年樹人」這句話。教育跟其他行業真的很不一樣，小孩的成長不是

立竿見影，老師的功勞不會顯而易見。

老師教導每個獨一無二的學生，都會先評估學生的學習需要，再設計個別化的支援計劃。一套奏效的學習方法，也包括營造一個正面而富鼓勵性的環境，以及許多的陪伴及等待。很多時候，小朋友就在不知不覺中進步了。有些進度，不一定可以量化，有時單看一個同學能自信滿滿、成熟表達己見的精神面貌，就已感受到他的進步了。

親愛的年輕人，你怎樣看待「等待的時光」？我認識的很多中六同學，都會在等待放榜時做暑期工，鍛鍊一下身體，又或是規劃一個旅程，以實際行動抵銷心理上的不安。將來你會發現，在學時期的等待根本算不得什麼，因為你的人生，將會出現更多的等待

時刻——等待一個機會的出現、等待一個計劃的落實、等待工作面試結果、等待另一半的出現、等待自己孩子的誕生……

等待的時光可能難熬，卻一定不會白費，因為在你等待的同時，你已經學會忍耐、學會裝備自己、學會調校心情、也學會管理自己的期望。請相信我，在等待的同時，你將會變成一個更好的自己。

此刻，我們都正等待着疫情過去，願我們在等待過後，攜手創造一個更美好的世界。

等待的時光，我們都要學習面對。

變幻才是永恆

成長的一個重要課題，是學習面對、應付變化。

初中孩子首要面對的，是青春期的生理、心理變化，同時還可能要面對親情、友情等方面的變化。這兩年，同學在新冠病毒肆虐下，還要適應學習上的變化——又要上網課了？活動又再改期了？公開考試口試部分取消了？雖説變幻原是永恆，也着實心痛這批同學。

第五波疫情，首先大規模爆疫的是葵涌邨。我校座落葵涌區，疫情每日每刻都在變化。每一個決定，都是根據當刻作出的最好決定。就像剛接獲爆疫消息的星期四，我們決定繼續讓中六學生回校上課；星期五早上，得知三幢葵涌邨樓宇被納入強檢，我們即改為全校一致網上課堂。當天早上，我們更立刻把原定下一個星期舉行的「寫揮春」活動紅紙，裁剪成數百幅迷你揮春，再由老師自發寫下祝福語句，於放學時段贈予同學。星期六，在電視新聞看見葵涌邨疫情擴散，我們立刻致電慰問每位居於葵涌邨的學生，跟進其情況。同日，有幸聯絡到價格相宜的消毒公司，願意在隔天星期日開工，我們便把全校徹底消毒一次。接着的星期一，實地檢視老師上網課、職工工作情況後，決定更新校舍清場時間、精簡當值人手，以進一步減少人流。其後，我們發通告讓家長知悉學校情況，也把收到的社區支援資訊，經由學校網頁、Facebook、Instagram、家教會等渠道，發放予家長及同學。班主任也因應個別情況，向同學致以「陽光電話」。

學會面對變幻

老師這個行業，本是相對穩定的職業，不期望花紅雙糧，也不大擔心減薪裁員。只是經此一「疫」後，我們都更懂得面對變幻，也更懂得向人求助。就算已經熟讀有關疫情的通告文件、衛生防護指引，我還是不時向人求教，如怎樣進行網上測考、申請資助、更新校曆等。

親愛的年輕人，你或許認為，反正不是做點什麼便能令事情變好，我們何不省點力氣，以不變應萬變？但你可有留意，「變幻」本就是我們的人生設定？天氣時寒時暖、街道時擠迫時冷清、媽媽時愚笨時機靈——沒有人會為這些變化大驚小怪，也沒有人會質疑這個人生設定。只是，當我們遇到一些較大、較需力氣回應的變化時，往往忘記、甚至否認這個設定，以致錯失最佳的應對時機，又或一個寶貴的成長經驗。

請容我清清楚楚的告訴你——我們活着的每天都是一個變化。有些變化我們較能習慣，有些變化我們則很想逃避；只有真正接受「變幻才是永恆」這個人生設定，我們才能活得更自在，才會更願意向別人求助。

願我們每天都變得比昨天更好！

但願我們都更懂得面對變幻，
也更懂得向人求助。

問題一定要解決的嗎？

我的一個老朋友，向我訴説着她的問題，繼而又質疑：「正向解決到問題嗎？」

「不能。」我也不是第一次那樣回答。「專家也認為不能。強迫自己正向思考是解決不到問題的，我們應坦然面對負面情緒，辨識負面想法背後的價值觀。」

「那為什麼你總是那麼正面？」朋友問。

「因為我在學校工作，深信幫助學生建構正向思維，讓他們學懂面對失敗，可以幫助他們以一個比較積極的態度，去面對各種生活壓力和挑戰。老師、父母能夠以正向語言跟同學溝通，一定可以幫助他們進步，最起碼讓同學不以錯誤為恥、不輕易放棄、更願意堅持、也更願意嘗試。」

「No model answer please! 你現在不是在工作，先陪我盡情發放負能量！」

「也可以。」我想了想，說：「現在已是晚上七時多，我們又離死亡近一天了。」

「不用那麼極端吧！」我的朋友翻白眼。

「我不是極端，我只是在陳述事實吧。我們每日的生活，不正是邁向死亡嗎？中學時讀過一首詩，以生死為題，其中一句就是講述類似的說話。我也很抗拒『人生就是步向死亡』那樣的負面說法，就算是事實，要帶着那個想法度過每一天也太沒意思。當時，

我就懷疑自己的老師心理變態，要我們學習那樣一個作品，簡直是在精神虐待我們！」

我的朋友笑道:「雖然不是正向就能解決到問題，但把人生視為一趟成長之旅，總比死亡之旅好。」

「話說回來，問題一定要解決嗎？不解決可以嗎？」

問題一定有答案？

親愛的年輕人，你也認為，問題總是要解決的嗎？我們每天都面對一大堆問題——先做功課還是先溫習？先跟母親還是父親解釋？先處理摯友問題還是個人問題？錢不夠用了怎麼辦？為什麼皮膚又起粒粒

了？怎麼整天都恍恍惚惚的？我是否病了？

曾有朋友問，做校長不用授課，那實際上是在做什麼？我數了一大堆實質的領導、管理工作後，再補充一句：「每天就是在解決問題吧。」心中清楚，人生在世，很多問題不能輕易解決，有些問題只可予以紓緩，有些問題則依然存在。我也發現，大部分人在嘗試解決問題時，都只會給自己「不是這樣便那樣」兩個選擇。事實上，只要我們訓練自己思考第三個解決方案時，頓時會發現天空海闊，方法總比問題多。

正向成長之旅是，
你會慢慢體會有些問題得以圓滿解決，
並不是你一人的功勞；
同樣地，有些問題解決不了，也不是你一人的責任。
擁有發現、檢視、積極面對問題的能力，
你已經很了不起了。

一切都是準時的

數年前，看了網絡轉載的一首美國小詩「每人都有自己的時區」，很是喜歡。作者佚名，當中某些句子，則一直留在心中。小詩首句是：「紐約比加州時間早三個小時，但加州時間沒有變慢。」全詩表達了在命運為我們安排的時區裏，一切都是準時的，沒有人領先，也沒有人落後；生命中的一切，都是最美好的安排。

香港人的每週工時全球最長，拚勁舉世知名，什麼也要快，什麼也要追趕。當你稍為慢一點點，點餐慢點、吃得慢點、走路慢點、上車慢點、駕駛慢點、結婚慢點，便被貼上一個「不達標」的標籤。時刻爭分奪秒的我們，真的很難認同「沒有人領先，也沒有人落後」這概念。剛出席一個舊生婚禮，有位同學苦笑道：「Miss，我是同班唯一未出嫁的女生，我自覺自己在結婚一事上已十分積極，但應該沒有什麼希望了……」對於這位才不過三十出頭女生的說話，我真的不能認同，便立刻以老師口吻，無比堅定地說：「是積極的，就要繼續積極的心態、積極的說話、積極的行動，上天一定會為你安排的。」

我接觸的大部分學生，都是以學業成績作標準的「慢」學生。事實上，他們一點也不慢。以品格行為做標準，他們絕對是「快」學生；以畢業後獲取的生活滿足感做標準，他們也是「快」學生。

一直在成績稍遜、來自基層家庭的學校工作，深知自己教導的學生，未必都成長為將來社會上的知名人士、達官貴人，但我深信，他們都可以活出精彩漂亮的人生。不少早年教授的學生，也印證了我的看

法。他們當中有些已是飛機師、醫生，達成自己兒時的夢想了；有些則在其工作崗位發光發亮；有些則已生兒育女、家庭美滿。偶然跟他們通個訊息，知道他們都活得平安喜樂，那才是最大的驕傲。

到了時候

親愛的年輕人，在學時期，大眾的焦點不免放在學業成績上。當別人都覺得你步伐慢了，先別懷疑自己，也別氣餒，就用自己的步伐繼續走下去吧。事實上，當「快」或「慢」不成為你的束縛時，你更能夠以自己的節奏，體會生命的美好。別人以為你慢了，你可能只是在經歷着更深更闊的人生。

小時候，經常聽父親唸唸有詞，說着孔子的

「三十而立，四十而不惑，五十而知天命，六十而耳順，七十而從心所欲」什麼的。小時當然完全不明所以，懂唸也沒意思。直至三十歲了，果然好像明白何謂「三十而立」；四十歲了，果然開始明白何謂「四十而不惑」。

我要説的是，人生是一趟巧妙的旅程，在你十多歲的時候，很難相信「生命中的一切，都是最美好的安排」那些説話，也不明白為何六十歲的人才能明辨是非，七十歲的人就能隨心所欲。但請相信我，就算我們的人生軌跡不同，只要懷着希望、堅持到底、用自己的步伐踏實地走下去，你人生的精彩，自會準時到來。

沒有人領先，也沒有人落後；
生命中的一切，都是最美好的安排。

重新開始吧！

小朋友總幻想自己可快點長大，到真正長大了，要為生活奔馳時，卻又懷念在學時無憂無慮的生活。

一直感恩自己可以回到校園工作。角色不同了，依然感到學校是一個容讓孩子犯錯、嚴而有愛的地方。老師容許學生犯錯，不代表我們不正視青少年的紀律問題，只是我們都把焦點放在改善自己，而不是錯誤本身。我校的一套功過雙抵、鼓勵同學反思成長的計劃，有個別緻的名字，名「彩虹計劃」。

我的學生時代，算得上是個無憂無慮的日子，只是也曾目擊一些恐怖事件。那時的訓導主任可以體罰學生，老師則會喝罵並撕掉學生的功課！我見過幾個同班同學因害怕犯錯而變得沉默，索性停止嘗試、拒絕學習。兒子上小學了，一直考在最後幾名，見班主

任的時候，老師只木無表情地説他很有問題，卻沒有提出任何幫助他的方法，一氣之下，我便替他辦了退學手續。意想不到的是時代進步了，學校資源增加了，一所傳統名校對學生的學習支援竟是零。

「媽媽，我是否很差才要轉校？」兒子問。

「才不！你是很幸運，有一個重新開始的機會。」

任何時候都可以重新開始

每當我們遇到挫折，就是遇到一個成長機會，先別把自己視為一個失敗者；因為回過頭來，那經歷很可能是你人生的一份祝福。事實上，「請述説一次失敗的經歷」是不少工作面試的熱門題目。知道應徵者

如何面對失敗，就可以看出他的學習能力，亦即看出他的成功機會。

那就是失敗給我們的力量吧，只要肯重新開始，我們將更接近成功。

你讀過愛迪生的故事嗎？小時看過無數次漫畫版愛迪生，每當看到他的實驗一再失敗、實驗室一再爆炸、他全身一再焦黑的場面，我都忍不住捧腹大笑。沒有人能夠不欣賞愛迪生的發明，堅毅、勤力，還有他的媽媽；我最欣賞的，一定是他對失敗的看法。事實上，在成功優化電燈泡前的近萬次失敗，他根本不視之為失敗，只說自己成功發現了一萬種未能有效的方法。

親愛的年輕人，成長過程不容易，我們每天都要面對很多失敗、挫折。每長大多一點，別人對你期望高一點，也就更沒有犯錯的空間吧？不！我當校長了，也一把年紀了，還是會經常失敗、經常犯錯的。請記着，沒有人有資格將你視為一個失敗者，也請你永遠別要將自己視為一個失敗者。錯了別花時間氣餒，先好好反省，研究一下怎樣改善，避免重複犯錯。肯重新出發，你將一定更接近成功！

請記着，沒有人有資格將你視為一個失敗者，
也請你永遠別要將自己視為一個失敗者。

後記

2022年，香港的中、小學在三、四月放「暑假」，史無前例。俄羅斯、烏克蘭真槍實彈地打仗，驚心動魄。

親愛的年輕人，你還好嗎？

小時最愛看卡通片，第一次接觸「潘朵拉的盒子」這個希臘神話，是看它的卡通片。還是小學生的我，看着各種災難和禍患從盒子飛出來，惶恐不已。幸好，盒子最後還留有「希望」。